Papita Saha

Estimation de la qualité de l'eau de la rivière Hooghly par l'indice de qualité de l'eau

Papita Saha

Estimation de la qualité de l'eau de la rivière Hooghly par l'indice de qualité de l'eau

Application de l'indice de qualité de l'eau pour estimer la qualité de l'eau de la rivière Hooghly, en Inde

ScienciaScripts

Imprint

Any brand names and product names mentioned in this book are subject to trademark, brand or patent protection and are trademarks or registered trademarks of their respective holders. The use of brand names, product names, common names, trade names, product descriptions etc. even without a particular marking in this work is in no way to be construed to mean that such names may be regarded as unrestricted in respect of trademark and brand protection legislation and could thus be used by anyone.

Cover image: www.ingimage.com

This book is a translation from the original published under ISBN 978-3-8443-1246-1.

Publisher:
Sciencia Scripts
is a trademark of
Dodo Books Indian Ocean Ltd., member of the OmniScriptum S.R.L Publishing group
str. A.Russo 15, of. 61, Chisinau-2068, Republic of Moldova Europe
Printed at: see last page
ISBN: 978-620-2-88150-0

<u>Contenu</u>

<u>Chapitre 1</u>

<u>Introduction</u>

La disponibilité de l'eau, tant en quantité qu'en qualité, est essentielle à l'existence même de l'humanité. Auparavant, les gens reconnaissaient l'importance de l'eau du point de vue de la quantité. La reconnaissance de l'importance de la qualité de l'eau s'est développée plus lentement. Dans le domaine de la gestion des ressources en eau, les informations sur la qualité de l'eau sont un apport essentiel. Les changements dans la qualité de l'eau peuvent être le résultat de rejets domestiques, industriels ou agricoles. Le nombre de paramètres physiques et chimiques tels que le pH, l'OD, l'alcalinité, la conductivité, les solides totaux, la dureté, les oligo-éléments inorganiques et organiques, etc. qui doivent être surveillés pour une évaluation correcte de la qualité de l'eau de toute ressource en eau est très important. Dans la gestion des ressources en eau, où la classification et la comparaison des différentes ressources en eau sur la base de la qualité de l'eau sont souvent nécessaires, il sera plus pratique d'intégrer le pool de données d'une manière ou d'une autre pour produire un chiffre unique. L'indice de qualité de l'eau (IQE) permet d'atteindre ces objectifs et est d'une grande utilité dans la gestion des ressources en eau.

L'indice de qualité de l'eau (IQE) exprime la qualité globale de l'eau à un certain endroit et à un certain moment en fonction de plusieurs paramètres de qualité de l'eau comme le pH, l'oxygène dissous, les bactéries de la forme colibacille, le total des solides en suspension, etc. Il fournit une unité de moins que les valeurs allant de 1 à 100. Dans la gestion des ressources en eau, il est souvent simplement pratique d'intégrer le pool de données d'une manière ou d'une autre pour produire un chiffre unique. L'indice de qualité des eaux (IQE) atteint cet objectif dans une large mesure

1.1 Les principales caractéristiques de l'indice de qualité de l'eau.

Plusieurs tentatives ont été faites pour mettre au point une méthode d'indice de qualité de l'eau adaptée. Chaque méthode présente certains avantages par rapport aux autres et certains inconvénients.

1. L'approche de base qui est la plus acceptée et la plus efficace pour obtenir la valeur de l'IQE a d'abord été proposée par **Horton**.

2. Lors du calcul de l'IQE, il faut éviter les problèmes d'"'ambiguïté" et d'"'éclipse" mentionnés par **Swamee** *et al.*

3. **Brown** *et.al.* ***ont*** fait la [première] tentative exhaustive de dériver un IQE en raison de l'établissement subjectif de paramètres sélectionnés, d'échelles de notation et de pondération des paramètres - la technologie de recherche systématique sur l'opinion a été utilisée pour intégrer les jugements d'un large panel diversifié. La procédure utilisée pour formuler l'IQE a tenté

d'intégrer de nombreux aspects du **processus DELPHI.**

4. Parmi les diverses formulations disponibles pour l'IQE, la **méthode agrégative** et la **méthode multiplicative** sont les deux approches de base suivies par différents chercheurs.

5. La plupart des chercheurs ont tenté d'estimer l'IQE pour les masses d'eau de surface uniquement.

L'observation ci-dessus a conduit à la conclusion suivante : un travail peut être entrepris pour examiner les performances de deux approches de base, les méthodes de l'indice agrégatif et de l'indice multiplicatif, sans autre jonglerie mathématique pour la qualité des eaux de surface. Le résultat obtenu permettrait de développer un outil simple et facilement communicable pour la "*gestion globale de la qualité de l'eau*".

1.2 <u>Approche de base de la formulation de l'indice de qualité de l'eau :</u>

Certaines des exigences importantes en matière de qualité des eaux de surface sont

1. L'indice doit être sensible à la modification du paramètre de qualité de l'eau.

2. L'indice doit être considérablement réduit lorsqu'un paramètre critique dépasse le niveau de qualité autorisé pour une utilisation donnée.

3. L'indice ne doit pas être modifié de manière significative lorsque la valeur du paramètre change dans la fourchette autorisée.

4. La modification de l'indice doit se faire davantage en fonction du paramètre qui a le plus d'importance.

5. La variation de l'indice doit refléter les différents niveaux de signification d'un même paramètre pour différents usages.

1.2.1 Approche I :

Smith (1990) a utilisé l'opérateur minimum comme fonction d'agrégation.

$$I = \min (s_i, S_2, S_3,..., S_N)$$

Où,

I = Indice global.

s_i = ième sous-indice.

1.2.2 Approche II :

Dojlido *et.al.* (1994) ont proposé la racine carrée de la moyenne harmonique des carrés des sous-indices pour l'agrégation :

$$I = \left[(1/N) \sum_{i=1}^{N} (s_i)^{-2} \right]^{-0,5}$$

Où,

I = Indice agrégé

s_i = ième sous-indice, N = Nombre de sous-indices,

Deux types de problèmes ont été constatés dans cette méthode :

a) *Problème d'ambiguïté* : lorsque tous les sous-indices sont acceptables alors que l'indice global ne l'est pas.

b) *Problème d'éclipsage* : lorsque l'indice global est insensible à une seule variable.

Une formulation mathématique a été développée pour éviter ces problèmes :

$$I = \left[(1-N) + \sum_{i=1}^{N} (s_i)^{-1/k} \right]^{-k}$$

Où,

I = Indice agrégé

s_i = ième sous-index,

N = Nombre de sous-indices,

k = Une constante positive.

1.3 L'élaboration et la formulation de l'indice de qualité des eaux se font en quatre étapes :

1. Sélection des paramètres
2. Transformation des estimations des paramètres à une échelle commune.
3. Affectation des poids à tous les paramètres.
4. Agrégation des scores de paramètres individuels pour produire un score d'indice final.

1.3.1 Sélection des paramètres : La toute première tâche est la sélection d'un ensemble de paramètres qui sont considérés comme représentant collectivement la qualité de l'eau lorsque celle-ci peut être définie avec ou sans respect pour un usage donné.

1.3.2 Transformation des estimations des paramètres à une échelle commune :

Cette étape nécessite la transformation d'un paramètre estimé sur une échelle de qualité commune, appelée communément score de notation, par l'utilisation d'une fonction de valeur reliant les différents niveaux d'estimation des paramètres aux niveaux appropriés de qualité de l'eau. La note varie entre 0 (très mauvaise qualité) et 100 (excellente qualité). La note dépend donc de l'effet de la concentration des paramètres sur la qualité de l'eau.

1.3.3 Affectation des poids à tous les paramètres :

Les pondérations sont attribuées à un paramètre en fonction de l'effet polluant du paramètre par rapport aux autres paramètres. Chacun des paramètres ne représente qu'une partie de la qualité globale. Il faut reconnaître que certains paramètres sont plus importants que d'autres. Les paramètres de moindre importance ne peuvent toutefois pas être écartés, car ils font toujours partie de la qualité globale. Pour refléter l'importance relative des paramètres, un poids total de 1 est réparti entre les paramètres.

Le poids attribué à un paramètre indique dans quelle mesure la qualité de l'eau peut être affectée par ce paramètre particulier ; tous les paramètres se voient attribuer un poids relatif.

1.3.4 Agrégation des scores des paramètres individuels pour produire un score d'indice final :

l'étape finale de l'élaboration et de la formulation est la transformation des valeurs des paramètres en une échelle commune qui est utilisée pour analyser la qualité de l'eau.

Chapitre 2 :

<u>Matériaux et méthodes :</u>

Différents paramètres physiques et chimiques ont été testés pour les échantillons d'eau prélevés en différents endroits le long de la rivière Hoogly, de Berhampur à Hirapur, de la rivière Damodar pendant différentes saisons et de diverses industries à différentes périodes de l'année. La large gamme de variation des valeurs de ces paramètres est rapportée. La présente étude montre comment ces grandes variations des différents paramètres peuvent être ramenées à un seul chiffre à l'aide de l'IQE, ce qui permet de commenter la qualité globale de l'échantillon d'eau du point de vue de la pollution

2.1 <u>pH :-</u>

Un pH faible est acide. La principale cause d'un pH faible est l'ajout d'eau de pluie acide. D'autres ions présents dans les eaux souterraines, tels que les nitrates et les sulfates, peuvent entraîner un pH plus faible. Les effets négatifs de l'eau acide sont nombreux. Une eau très acide peut entraîner la corrosion des canalisations, ce qui peut provoquer la libération de fer, de plomb ou de cuivre dans l'eau du robinet. Un pH faible peut décolorer l'eau et lui donner un goût amer.

La meilleure méthode pour réduire l'acidité des eaux souterraines consiste à augmenter le pH en filtrant l'eau à l'aide d'un neutralisant tel que des copeaux de calcite. En faisant passer l'eau à travers la calcite, on augmente le pH à un niveau neutre, ce qui réduit la libération de métaux par la corrosion des tuyaux.

Le pH a été mesuré par la méthode électrométrique suivante à l'aide d'un pH-mètre numérique (marque : Elico Limited, LI 120 / LI 610) après étalonnage nécessaire avec des tampons standard (tampon 4, 9.2, 7).

Limite générale admissible : - 5,5 - 9,5

2.1.1 APPAREIL :-
pH-mètre :-

2.1.2 *Principe :*

Les pH-mètres ELICO fonctionnent sur le principe de la détermination de la concentration en ions [H+] en variation logarithmique en relation linéaire avec la tension générée au niveau de la membrane de verre selon la NERSNST EQUATION.
Le potentiel, qui est fonction de l'activité de l'ion hydrogène libre, est mesuré par une électrode de pH en verre en conjonction avec une électrode de référence. Le voltage développé en relation avec le pH est calibré en fonction de l'isopotentiel de l'électrode sensible au pH.

2.1.2.1 Spécifications :
Fourchette : 0 à 14
Résolution : 0.01
Précision : $\pm$ 0,01
Répétabilité : $\pm$ 0,01

Stabilité   : ± 0..05 en 8 heures

Fourchette : 0 à ± 1999

Résolution : ± 1

Précision : ± 0,1 % de fs ou ± 2

Répétabilité : ± 1Puissance requise : 230 V ± 10 % , 50 Hz, 15

        VA

2.2 La température :

La température avait été mesurée sur place avec le thermomètre.

2.3 Oxygène dissous :

La solubilité de l'oxygène atmosphérique dans l'eau douce varie de 14,6 mg/l à ^{00} C à environ 7 mg/l à 35 ^{0C} sous 1 pression atmosphérique. Comme il s'agit d'un gaz peu soluble, sa solubilité varie directement en fonction de la pression atmosphérique en un point donné. La détermination du D.O. doit se faire au point de prélèvement et immédiatement après la collecte de l'échantillon.

2.3.1 Les réactions de base dans les déterminations de l'oxygène dissocié sont : -

Le procédé de base consiste à oxyder l'hydroxyde manganeux par l'oxygène dissous :-

a> $MnSO4 + 2 KOH$ >-------------$Mn(OH)_2 + K2SO4$

b> $2 Mn(OH)2 + O2$ ---------> $2 MnO(OH)2$

Le $Mn(OH)_2$ est un précipité floculant blanc qui devient brun clair lorsqu'il est oxydé.

Lorsque l'hydroxyde manganique est acidifié, il se forme du sulfate manganique.

$Mn(OH)_2 + 2H_2SO_4$ $Mn(SO_4)_2 + 3 H_2O$

En présence d'iodure, le sel manganique agit comme un agent oxydant, libérant de l'iode libre.

$Mn (SO)_4 + 2 KI$ --------------> $MnSO_4 + K_2SO_4 + I_2$

L'iode, qui est stoichimétriquement équivalent à l'oxygène dissous de l'échantillon, est titré avec du thiosulfate de sodium.

$I_2 + 2 Na_2S_2O_3$ ------------> $Na_2S_4O_6 + 2NaI$

2.3.1 Appareil :

Bouteilles d'incubation : Bouteilles spéciales DBO à col étroit d'une capacité de 300 ml, à goulot raboté avec bouchons en verre rodé.

2.3.2 Réactifs utilisés :

Solution de sulfate manganeux : 480 g de sulfate manganeux ont été dissous dans de l'eau bouillie et refroidie fraîchement préparée et dilués à 1 lt.

Solution d'iodure alcaline : 500 g d'hydroxyde de sodium et 150 g d'iodure de potassium ont été dissous dans de l'eau fraîchement bouillie et refroidie et ont été dilués à 1 lt.

Indicateur d'amidon : 2 gm 2 gm d'amidon et 0,2 gm d'acide salicylique ont été dissous dans 100 ml d'eau distillée chaude.

Solution mère de thiosulfate de sodium : Environ 25 g de thiosulfate de sodium ($Na_2S_2O_3$, 5 H_2O

] ont été dissous dans 1 lt d'eau bouillie. 1 g d'hydroxyde de sodium a été ajouté pour le conserver.

2.3.3 Procédure :

Pour mesurer l'oxygène dissous présent dans l'eau, nous avons dû dépendre du processus chimique.

Le processus a été :-

Un échantillon de 300 ml a été prélevé dans un flacon B.O.D. Ensuite, 2 ml de sulfate manganeux et 1 ml d'iodure d'azoture alcalin y ont été mélangés. Une pipette séparée a été utilisée pour ajouter le réactif bien en dessous de la surface du liquide. Le flacon doit être fermé sans inclure de bulle d'air et a été bien mélangé et laissé pendant 2 à 3 minutes pour que le précipité se dépose. Le bouchon a été enlevé et 2 ml d'acide sulfurique ont été mélangés. Un échantillon de 203 ml de cette solution a été prélevé et a été titré avec du thiosulfate de sodium (0,025 N) avec de l'amidon comme indicateur.

2.3.4 Calculs d'oxygène dissous:-

$$DO = \frac{\text{Volume de la bouteille d'échantillon}}{\text{Volume de la bouteille - ml du réactif}} \times 200 = 201 \text{ ml}$$

Lorsque 201 ml de l'échantillon traité sont titrés avec une solution de thiosulfate 0,025 N,

1ml 0,025 N Thio = 1 mg / d'oxygène dissous

2.4 <u>DEMANDE BIOCHIMIQUE EN OXYGÈNE :</u>

La demande biochimique en oxygène représente la quantité d'oxygène consommée par les bactéries et autres microorganismes lorsqu'ils décomposent la matière organique dans des conditions aérobies à une température donnée.

Le paramètre de pollution organique le plus largement utilisé, appliqué à la fois aux eaux usées et aux eaux de surface, est la DBO à 5 jours (DBO5). Cette détermination implique la mesure de l'oxygène dissous utilisé par les micro-organismes dans l'oxydation biochimique des matières organiques. Les résultats des tests de DBO sont utilisés :

1> Déterminer la quantité approximative d'oxygène qui sera nécessaire pour stabiliser biologiquement la matière organique présente.

2> Pour déterminer la taille des installations de traitement des déchets.

3> Mesurer l'efficacité de certains procédés de traitement

4> Pour déterminer la conformité à utiliser pendant un certain temps, il est important d'en savoir le plus possible sur le test et ses limites.

2.4.1 Appareil :

Bouteilles d'incubation : Bouteilles spéciales DBO à col étroit d'une capacité de 300 ml, à goulot raboté avec bouchons en verre rodé.

2.4.2 Incubateur DBO : incubateur DBO avec contrôle thermostatique $^{200C} \pm {}^{10C}$

2.4.3 Réactifs :

Solution tampon de phosphate : 8,5 g de phosphate de potassium [KH2PO4], 21,75 g d'hydrogénophosphate de potassium [K2HPO4], 33,4 g d'hydrogénophosphate disodique (Na2HPO4) et 1,7 g de chlorure d'ammonium [NH4Cl] ont été dissous dans 500 ml d'eau distillée et ont été dilués à 1 lt. Le pH de la solution devrait être d'environ 7,2 sans autre ajustement.

Solution de sulfate de magnésium : 22,5 g de sulfate de magnésium
 (MgSO4 .7H2O] a été dissous dans de l'eau distillée et il a été dilué à 1 lt.

Solution de chlorure de calcium : 27,5 g de chlorure de calcium ont été dissous dans de l'eau distillée et ont été dilués à 1 lt.

Solution de chlorure ferrique : 0,25 gm de chlorure ferrique hydraté (FeCl3.6H2O) a été dissous dans de l'eau distillée et a été dilué à 1 lt.

Solution acide et alcaline : 1 (N) hydroxyde de sodium et 1 (N) acide sulfurique pour la neutralisation des échantillons.

Solution de sulfate manganeux : 480 g de sulfate manganeux ont été dissous dans de l'eau bouillie et refroidie fraîchement préparée et dilués à 1 lt.

Solution d'iodure alcaline : 500 g d'hydroxyde de sodium et 150 g d'iodure de potassium ont été dissous dans de l'eau fraîchement bouillie et refroidie et ont été dilués à 1 lt.

Indicateur d'amidon : 2 gm 2 gm d'amidon et 0,2 gm d'acide salicylique ont été dissous dans 100 ml d'eau distillée chaude.

Solution mère de thiosulfate de sodium : Environ 25 g de thiosulfate de sodium (Na2S2O3, 5 H2O

] ont été dissous dans 1 lt d'eau bouillie. 1 g d'hydroxyde de sodium a été ajouté pour le conserver.

2.4.4 Procédures :

Préparation de l'eau de dilution : Le volume d'eau distillée requis a été aéré dans un récipient par barbotage d'air comprimé pendant 8 à 12 heures pour obtenir la saturation en oxygène dissous. Au moment de l'utilisation, on a ajouté 1 ml de tampon de phosphate, de sulfate de magnésium, de chlorure de calcium et de chlorure ferrique pour chaque litre d'eau de dilution.

Neutralisation : l'échantillon a été neutralisé à un pH d'environ 7,0 à l'aide d'une solution alcaline ou acide.

2.4.5 Processus :

Deux bouteilles de 300 ml de DBO ont été remplies à moitié avec de l'eau de dilution. À l'aide d'une grande pipette à embout, la quantité d'échantillon précalculée a été distribuée dans chacune des deux bouteilles de 300 ml de DBO. Ensuite, chaque bouteille a été remplie d'eau de dilution et le bouchon a été inséré et toutes les bulles d'air ont été exclues.

Deux autres bouteilles DBO de 300 ml contenant uniquement de l'eau de dilution ont été remplies et les bouchons ont été insérés comme à l'étape 1.

À 20 ^{0} C, une bouteille contenant des échantillons dilués et une autre contenant uniquement de l'eau de dilution ont été incubées.

Une détermination de l'OD sur les bouteilles DBO restantes des étapes 1 et 2 a été effectuée et le contenu initial en OD a été enregistré.

Après 5 jours, des tests de détermination de l'OD ont été effectués avec les bouteilles incubées. La teneur en OD des bouteilles incubées a été enregistrée. Il ne doit pas y avoir d'augmentation ou de diminution de plus de 0,2 mg/l d'OD entre l'eau de dilution initiale et l'eau de dilution finale. Des changements importants peuvent être causés par des techniques de test incorrectes ou par une eau de dilution contaminée.

L'équation suivante a été utilisée :

$$DBO, mg/l = \frac{(D1 - D2) - (B1 - B2)f}{P} \quad \text{----- (2)}$$

Où,

D1 = oxygène dissous de l'échantillon dilué immédiatement après la préparation, mg/l.

D2 = oxygène dissous de l'échantillon dilué après 5 jours d'**incubation à ^{200} C , mg /l.**

P = fraction volumétrique décimale de l'échantillon utilisé.

$B1$ = Oxygène dissous du témoin de semence avant incubation, mg/l.

$B2$ = Oxygène dissous du témoin de semence après incubation, mg/l.

f = rapport entre les semences de l'échantillon et les semences du témoin

= (% de semences en D1) / (% de semences en $B1$)

Tableau 2.1 : Dilution recommandée dans l'essai DBO:-

Type de déchets	Estimation de la DBO	Dilution
Déchets industriels solides	500 - 5000	0.1 - 1 %
Eaux usées normales	100 - 500	1 - 5 %

| Effluents traités | 20 - 100 | 5 - 25 % |
| Eaux de surface polluées | 5 - 20 | 25 - 100 % |

2.4.6 À quoi s'attendre : -

Une DBO de niveau 1-2 ppm est considérée comme très bonne. Il n'y aura pas beaucoup de déchets organiques présents dans l'approvisionnement en eau. Un approvisionnement en eau dont le niveau de DBO est compris entre 3 et 5 ppm est considéré comme moyennement propre. Dans une eau ayant un niveau de DBO de 6 à 9 ppm, l'eau est considérée comme quelque peu polluée parce qu'elle contient généralement des matières organiques et que des bactéries décomposent ces déchets. À des niveaux de DBO de 10 ppm ou plus, l'approvisionnement en eau est considéré comme très pollué par des déchets organiques.

2.5 Demande chimique en oxygène :

La demande chimique en oxygène (DCO) est la quantité d'oxygène nécessaire pour dégrader les composés organiques des eaux usées. Plus la valeur de la DCO des eaux usées est élevée, plus la demande en oxygène des masses d'eau rejetées est importante.

2.5.1 Appareil :

Appareil à reflux : Il se compose de flacons Erlenmeyer de 500 ml avec col en verre rodé 24/40 et chemise Liebig, West, ou condenseurs équivalents de 300 mm avec joint en verre rodé 24/40, et d'une plaque chauffante ayant une puissance suffisante pour produire au moins 1,4 W/cm2 de surface de chauffe, ou équivalent, pour assurer une ébullition adéquate du contenu du flacon à reflux.

2.5.2 Réactifs :

Solution standard de dichromate de potassium (0,25 N) : 12,259 g de dichromate de potassium ont été dissous après séchage à 103 ^{0C} pendant 2 h dans de l'eau distillée et ont été dilués à 1 lt.

Réactif à l'acide sulfurique : 22 g de sulfate d'argent ont été dissous dans de l'acide sulfurique concentré.

Sulfate d'ammonium ferreux standard, réactif de titrage, 0,1 N : 39 gm de sulfate d'ammonium ferreux ont été dissous dans de l'eau distillée et 20 ml d'acide sulfurique ont été ajoutés et dilués à 1 lt. Cette solution a été normalisée quotidiennement par rapport à la solution standard de dichromate de potassium.

Indicateur de ***ferrosité*** : 1,485 g de 1,10-phénanthroline monohydraté a été dissous avec 695 mg de $FeSO_4.7H_2O$ dans de l'eau et il a été dilué à 100 ml.

Sulfate mercurique : cristaux de $HgSO_4$.

Acide sulfamique : Il était nécessaire pour éliminer l'interférence des nitrites.

2.5.3 Méthode : -

Les substances organiques présentes dans l'échantillon sont oxydées par le di chromate de potassium dans une solution d'acide sulfurique à 50 % à la température de reflux. Le sulfate d'argent a été utilisé comme catalyseur et du sulfate mercurique a été ajouté pour vérifier l'interférence des ions chlorure. L'excès de di chromate de potassium a été titré avec une solution standard de sulfate d'ammonium ferreux à l'aide de l'indicateur Orthophenanthrolene ferrous comples (Ferroin) Indicator.

2.5.4 La principale réaction est :

Catalyseur

$$(C_aH_bO_c) + Cr_2O_7^{2-} + H^+ \quad \text{----------------}\blacktriangleright Cr^{+3} + CO_2 + H_2O$$

Chaleur

Pour maintenir la perte de matière organique à un faible niveau, le flacon a été refroidi pendant l'ajout d'acide sulfurique. Simultanément, un essai à blanc suivant la même procédure doit être effectué avec de l'eau distillée à la place de l'échantillon.

Tableau 2.5.1 : Quantités de réactifs et normes pour différentes tailles d'échantillons :

Taille de l'échantillon, ml	0.25N Standard Dichromate ml	Conc. H_2SO_4 avec Ag_2SO_4 ml	HgSO4 ml	Normalité de Fe(NH4)₂(SO4)₂	Volume final Avant Titrage, ml
10	5	15	0.2	0.05	70
20	10	30	0.4	0.10	140
30	15	45	0.6	0.15	210
40	20	60	0.8	0.20	280
50	25	75	1.0	0.25	350

$$DCO \; mg/l = \frac{(a-b)\,N \times 8000}{ml \; d'échantillon}$$

où,

a = ml de Fe(NH4)₂(SO4)₂ utilisé pour le blanc

b = ml de Fe(NH4)₂(SO4)₂ utilisé pour l'échantillon

N = normalité du Fe(NH4)₂(SO4)₂

2.5.5 Interférences:-

Les traces de matière organique provenant de la verrerie ou de l'atmosphère peuvent provoquer une erreur positive importante. Les matières volatiles peuvent être perdues lorsque la température de l'échantillon augmente pendant l'étape d'addition de l'acide sulfurique. Les ions chlorure sont oxydés par le di chromate de potassium et provoquent des interférences positives.

2.6 Total des solides en suspension :

Sur le plan analytique, la teneur totale en solides d'une eau usée est définie comme étant toute la matière qui reste sous forme de résidu lors de l'évaporation à une température de 103 à 105 ^{0C}. Les matières qui ont une pression de vapeur significative à cette température sont perdues pendant l'évaporation et ne sont pas définies comme des solides.

Procédure :

Un papier filtre a été séché et pesé (a1), puis un échantillon de 20 ml a été prélevé sur le papier filtre. Le papier filtre a été séché et refroidi à nouveau, puis pesé (a2). À partir de la différence, le total des solides en suspension a été calculé.

2.7 Total des solides dissous:-

Il s'agit de tous les minéraux, sels, métaux, cations ou anions dissous dans l'eau.

Cela inclut tout ce qui est présent dans l'eau autre que l'eau pure et les molécules en suspension.

Les TDS sont une mesure directe de l'interaction entre les eaux souterraines et les minéraux du sous-sol. Une teneur élevée en TDS, supérieure à 1000 mg/L, est généralement objectivante ou désagréable au goût. Les niveaux de TDS supérieurs à 2000 mg/L sont généralement considérés comme imbuvables en raison d'un goût très désagréable. Une concentration plus élevée de TDS ne constitue généralement pas une menace pour la santé humaine tant que les valeurs ne dépassent pas 10 000 mg/L. À ce niveau, l'eau est considérée comme une saumure et définie comme non potable. Une concentration élevée de TDS (supérieure à 1 000 mg/L) peut provoquer la corrosion des tuyaux et des systèmes de plomberie. Pour éliminer les TDS à des niveaux acceptables, un adoucisseur d'eau avec un système d'osmose inverse (R/O) est généralement efficace.

2.8   Pétrole et graisse :

La teneur en huile et en graisse des eaux usées domestiques et de certaines industries, ainsi que des boues, est une caractéristique importante dans la manipulation et le traitement de ces matières en vue de leur élimination finale. Si elles sont présentes en quantités excessives, elles peuvent interférer avec les processus biologiques aérobies et anaérobies et nuire à l'efficacité du traitement. Lorsqu'elles sont rejetées en tant que constituant des eaux usées ou des effluents traités, elles peuvent entraîner une grave dégradation de l'environnement.

2.8.1 Appareil :

Entonnoir de séparation (capacité de 500 ml)

Séchoir

Bain d'eau

Dessiccateur

2.8.2 Réactifs :

N-hexane : 250 ml

2.8.3 Procédure :

Un bécher a été pris et son poids a été mesuré.250 ml d'échantillon ont été prélevés dans une ampoule à décanter et 30 ml de n-hexane ont été ajoutés avec. Nous pouvons également utiliser de l'éther de pétrole sans le n-hexane. Il a ensuite été mélangé en le secouant, puis l'huile a été séparée du mélange d'eau en une couche. La solution de fond a été jetée et la solution supérieure a été prise dans un bécher. Le bécher a été placé sur un bain-marie pendant 15 minutes à 70^0 C et a permis l'évaporation de tous les solvants. Le bécher a été refroidi dans un dessiccateur pendant 30 minutes et le bécher a été pesé à nouveau.

Calcul : *(m / v) x 1000 mg/l.*

2.9 Turbidité

La turbidité fait référence à toute matière solide ou organique qui ne se dépose pas hors de l'eau. Cela signifie que la matière n'est pas dissoute mais est en suspension. Cette matière comprend les particules de poussière et les matières organiques colloïdales.

2.9.1 Appareil : **Mesureur numérique de turbidité :**

2.9.2 Spécifications techniques :

Gamme	: 0 - 1000 NTU
Précision	: ± 3% de la déviation à pleine échelle dans 0 - 1000 **NTU**
Système de tubes à essai	: Tube à essai en verre transparent de 30 mm
Source de lumière	6V, 1 Amp. Lampe au tungstène.
Afficher	: Affichage LED rouge brillant à 3 1/2 chiffres.
Détecteur	: Photocellule / Photodiode
Calibration	: Avec une solution de formazine

2.9.3 Interférences :

La turbidité peut être déterminée pour tout échantillon d'eau exempt de débris et de sédiments grossiers se déposant rapidement.

Une verrerie sale ou la présence de bulles d'air perturbent la visibilité de la surface de l'échantillon et donnent de faux résultats.

" La "vraie couleur", c'est-à-dire la couleur de l'eau due aux substances dissoutes qui absorbent la lumière, fait que les turbidités mesurées sont les plus faibles.

Cet effet n'est généralement pas significatif dans le cas de l'eau traitée.

Les solides en suspension sont rarement nocifs, mais l'élimination de la turbidité est importante. Dans un premier temps, elle augmente la qualité esthétique de l'eau. Une eau claire est plus agréable à boire. Deuxièmement, les contaminants toxiques peuvent s'accrocher aux particules en suspension, qui à leur tour peuvent être ingérées par l'homme et causer des problèmes de santé. Il est important de rechercher les causes de la turbidité lorsque l'on essaie de traiter l'eau. Dans un puits, recherchez un tubage mal installé, un tubage fissuré ou un bouchon de puits manquant. Une des méthodes de traitement est un système de filtration.

Chapitre 3

Calcul de l'indice de qualité de l'eau

3.1 Méthode 1 : méthode agrégative

L'indice de qualité de l'eau considéré est de la forme :

$$WQIa = \sum_{I=1}^{n} qiWi \text{-----------(a)}$$

où, IQEa = l'indice agrégé de qualité de l'eau, un no. entre 0 et 100

      qi   = la qualité du Ième paramètre entre 0 et 100

      wI   = le poids du paramètre Iyh un nombre compris entre 0 et 1

      n = le nombre total de paramètres.

24

Dans ce type d'indice, les indices moyens pondérés ne permettent pas d'abaisser suffisamment l'indice si l'un des paramètres importants dépasse la limite autorisée.

Tableau 3.1 : Classification des ressources en eau

WQI	Classe	Description
63 - 100	A	Bon à excellent
50 - 63	B	Bon à modéré
38 - 50	C	Mauvais
En dessous de 38	D,E	Mauvais à très mauvais

3.2 Méthode 2 : Méthode multiplicative :

Dans le cas des déchets industriels, on peut envisager une forme d'indice multiplicatif qui est donné par

$$WQIm = \prod_{I=1}^{n} (qi)^{Wi} \text{ --------- (b)}$$

Dans l'indice multiplicatif, le poids des paramètres individuels est attribué en fonction d'une opinion subjective. La pondération reflète l'importance d'un paramètre pour l'utilisation et a un impact considérable sur l'indice.

Tableau 3.2 :

WQI	Description
0 - 20	Mauvais
21 - 50	Moyen
51 - 80	Bon

81 - 100	Très bien

Dans ce travail, la formulation de l'indice de qualité des eaux a été abordée par deux méthodes différentes, à savoir la méthode agrégative de l'indice et la méthode multiplicative de l'indice. Les équations utilisées sont les mêmes que celles mentionnées dans les équations a et b. La signification relative (w_i) des paramètres importants a été obtenue à partir du tableau et la notation de la qualité (q_i) pour différents paramètres a été obtenue à partir de la figure. En conséquence, l'indice de qualité de l'eau a été calculé par deux méthodes.

<u>**Chapitre 4**</u>

<u>**Résultats et discussions**</u>

Nous allons maintenant comparer la qualité de l'eau de la rivière Hoogly dans 22 stations au cours d'une année donnée.

3.1. Hoogly en 1976 (WHILE HOUSE TRIBENI)

Station 1	enquête I		enquête II		Enquête III	
	Marée basse Tide	haut	Faible marée	haut	marée basse marée	haut
pH	8.3	8.3	8.3	8.3	7.7	7.9
Q	88.0	88.0	88.0	88.0	97.65	95.0
W	0.2		0.2		0.2	
TS	456	545	832	1037	850	659
Q	71.5	63.9	42.9	29.98	42.71	55.5
W	0.2		0.2		0.2	
FAIRE	5.6	3.7	6.5	5.6	6	5.7
Q	56.5	28.0	66	56.5	60	56.9
W	0.2		0.2		0.2	
BOD	1.4	1.9	1.4	3.1	1.2	1.3
Q	99.77	99.68	99.77	99.48	99.82	99.79
W	0.2		0.2		0.2	
COD	13.7	19.8	32.8	48.0	32.0	32.0
Q	98.86	98.33	97.39	96.47	97.44	97.44
W	0.2		0.2		0.2	
WQIa	82.926	75.582	78.812	74.086	79.524	80.926
WQIm	81.09	68.816	75.300	67.779	75.381	78.161

a qualité de l'eau varie de bonne à excellente. Cela peut être dû aux déchets des industries (ITC Tribeni tissue div), à la mise en décharge des déchets, au rejet de produits chimiques toxiques comme le chlore, les pesticides toxiques, les cendres volantes, etc.

Station 2	enquête I		enquête II		Enquête III	
	Marée basse	haut	Marée basse	haut	marée basse marée	haut
pH	8.3	8.3	8.3	8.4	7.9	7.8
Q	88	88	88	89	95	97
W	0.2	0.2	0.2	0.2	0.2	0.2
TS	474	1148	1300	649	548.3	920
Q	69.3	21.7	13.7	56.11	63.85	34.5
W	0.2	0.2	0.2	0.2	0.2	0.2
FAIRE	4.8	3.5	6.2	5.5	6.1	6.1
Q	48	26	63	55	61.5	61.5
W	0.2	0.2	0.2	0.2	0.2	0.2
BOD	1.8	2.1	1.9	5.3	1.2	2
Q	99.94	99.61	99.68	99.22	99.82	99.66
W	0.2	0.2	0.2	0.2	0.2	0.2
COD	17.6	35.6	32.6	19.3	12.28	16.8
Q	98.73	97.32	97.41	98.48	98.88	98.74
W	0.2	0.2	0.2	0.2	0.2	0.2
WQIa	80.794	6.526	72.358	79.562	83.81	78.28
WQIm	78.006	4.511	59.368	76.868	81.887	72.66

En regardant l'IQE, nous pouvons dire que la qualité de l'eau varie de modérée à excellente. Cela est dû à la présence de certains produits chimiques toxiques comme le chlore et ses divers composés

3.3 BANSBERIE

Station 3	enquête I		enquête II		Enquête III	
	Faible Tide	marée haute	Marée basse	marée haute	marée basse	marée haute
pH	8.1	8	8.2	8.4	7.7	7.9
Q	92	93	90	89	97.65	96
W	0.2	0.2	0.2	0.2	0.2	0.2
TS	824	890	997	628	1024	869
Q	43.01	37.31	30.05	58.3	30.05	41.3
W	0.2	0.2	0.2	0.2	0.2	0.2
FAIRE	4.45	2.7	5.7	5.7	6.1	6.1
Q	40.5	17	56.9	56.9	61.5	61.5
W	0.2	0.2	0.2	0.2	0.2	0.2
BOD	3	2.2	3.7	2.8	3.2	3
Q	99.5	99.62	99.4	99.53	99.46	99.5
W	0.2	0.2	0.2	0.2	0.2	0.2
COD	36.9	31.35	15.1	36.7	28	18
Q	97.29	97.47	98.83	97.3	97.74	98.68
W	0.2	0.2	0.2	0.2	0.2	0.2
WQIa	74.46	68.88	75.036	80.206	77.28	79.396
WQIm	68.888	56.441	68.532	77.848	70.603	75.133

En regardant l'IQE, nous pouvons dire que la qualité de l'eau varie de modérée à excellente. Cela est dû à la présence de pesticides toxiques et d'autres produits chimiques provenant des champs agricoles, au déversement sans restriction des eaux usées de l'industrie du jute et d'autres industries de taille moyenne.

3.4 SAHAGANJ

Station 4	enquête I		enquête II		Enquête III	
	Faible Tide	marée haute	Marée basse	marée haute	marée basse	marée haute
pH	8.1	7.8	8.25	8.25	8.05	8.05
Q	89.9	97	89.9	89.9	92.8	92.8
W	0.2	0.2	0.2	0.2	0.2	0.2
TS	1023	968	558	737	1265	516
Q	27.01	33.11	62.73	51.2	15.09	66.43
W	0.2	0.2	0.2	0.2	0.2	0.2
FAIRE	3.9	2.6	5.2	5.5	5.9	6.1
Q	32	16.5	53.5	55	59	61.5
W	0.2	0.2	0.2	0.2	0.2	0.2
BOD	1.5	0.8	1.1	3.5	1.2	0.8
Q	99.75	99.94	99.86	99.42	99.82	99.94
W	0.2	0.2	0.2	0.2	0.2	0.2
COD	25.5	27.5	18.4	23.4	22	16
Q	97.81	97.75	98.66	97.83	97.85	98.76
W	0.2	0.2	0.2	0.2	0.2	0.2
WQIa	69.292	68.86	80.93	78.67	72.912	83.886
WQIm	59.694	55.311	78.456	75.555	60.447	82.153

En regardant l'IQE, nous pouvons dire que la qualité de l'eau varie de modérée à excellente. Cela est dû à la présence de produits chimiques comme les phénols, le plomb provenant de l'industrie des pneumatiques, de l'industrie du câble et de l'industrie du papier.

3.5 CHINSURA

Station 5	enquête I		enquête II		Enquête III	
	Faible Tide	marée haute	Marée basse	marée haute	marée basse	marée haute
pH	8.3	8.25	8.25	8.3	7.8	8.05
Q	88	89.9	89.9	88	97	92.8
W	0.2	0.2	0.2	0.2	0.2	0.2
TS	738	852	511	544	1023	517
Q	51.00	42.66	66.62	64.11	27.01	66.22
W	0.2	0.2	0.2	0.2	0.2	0.2
FAIRE	3.7	3.5	4.9	4.4	6.2	6.3
Q	28	26	49.5	40	62	63.12
W	0.2	0.2	0.2	0.2	0.2	0.2
BOD	1	1.3	2.8	3.3	1.05	1.7
Q	99.89	99.79	99.53	99.45	99.87	99.72
W	0.2	0.2	0.2	0.2	0.2	0.2
COD	19.6	29.5	19	19	18	18
Q	98.44	97.72	98.6	98.6	98.68	98.68
W	0.2	0.2	0.2	0.2	0.2	0.2
WQIa	73.066	71.214	80.83	78.032	76.912	84.108
WQIm	65.823	62.742	78.12	73.959	69.322	82.479

La qualité de l'eau varie de modérée à excellente. Cela est dû à la présence de produits chimiques provenant de différentes industries du textile, des rizeries et de la construction d'articles en caoutchouc. L'immersion de milliers d'idoles contenant des produits chimiques toxiques dans l'eau pendant les festivals tels que Durga Puja ajoute également à la pollution

Station 6	enquête I		enquête II		Enquête III	
	Faible Tide	marée haute	Marée basse	marée haute	marée basse	marée haute
pH	8.05	8.05	8.1	8.3	8.05	8.05
Q	92.8	92.8	92	88	92.8	92.8
W	0.2	0.2	0.2	0.2	0.2	0.2
TS	635	640	934	393	856	738
Q	57.98	57.27	34.17	73.28	42.21	51
W	0.2	0.2	0.2	0.2	0.2	0.2
FAIRE	3.35	3.2	4.25	4.25	6.3	6.1
Q	23.91	23.48	35	35	63.12	61.11
W	0.2	0.2	0.2	0.2	0.2	0.2
BOD	1.3	0.97	2.55	1.3	3.00	1.05
Q	99.73	99.9	99.56	99.79	99.5	99.87
W	0.2	0.2	0.2	0.2	0.2	0.2
COD	28	30	9.2	9.2	22.00	30.00
Q	97.74	97.52	99.78	99.78	97.85	97.52
W	0.2	0.2	0.2	0.2	0.2	0.2
WQIa	74.432	74.194	72.102	79.17	79.096	80.46
WQIm	66.018	65.609	64.228	74.188	75.215	77.616

La qualité de l'eau varie de modérée à bonne. Cette variation est due à l'élimination des déchets, des oligo-éléments et des métaux lourds comme le cadmium, le nickel, le zinc, le chrome-sélénium et des produits chimiques toxiques comme l'arsenic, les fluorures, le phénol, etc.

3.7 BHADRESWAR

Station 7	enquête I		enquête II		Enquête III	
	Faible Tide	marée haute	Marée basse	marée haute	marée basse	marée haute
pH	8.25	8.25	8.2	8.35	7.975	7.85
Q	89.9	89.9	90.00	87.02	95.03	94.59
W	0.2	0.2	0.2	0.2	0.2	0.2
TS	460	460	393	494	889	499
Q	70.85	70.85	73.28	67.55	38.13	67.08
W	0.2	0.2	0.2	0.2	0.2	0.2
FAIRE	3.95	4.15	4.00	3.9	6.05	5.95
Q	33.00	33.75	33.44	32	60.01	58.91
W	0.2	0.2	0.2	0.2	0.2	0.2
BOD	2.25	1.75	0.4	1.65	2.55	3.15
Q	99.6	99.71	99.99	99.73	99.56	99.47
W	0.2	0.2	0.2	0.2	0.2	0.2
COD	29.5	29.5	16.00	9.15	38.00	38.00
Q	97.72	97.72	98.76	99.88	97.27	97.27
W	0.2	0.2	0.2	0.2	0.2	0.2
WQIa	78.214	78.386	79.094	77.236	78.00	83.464
WQIm	72.807	73.15	73.723	71.538	73.229	81.594

La qualité de l'eau va de bonne à excellente. Cette variation est due à la présence de produits chimiques toxiques dans les décharges de déchets dans l'eau de la rivière.

3.8 BAIDYABATI

Station 8	enquête I		enquête II		Enquête III	
	Faible Tide	marée haute	Marée basse	marée haute	marée basse	marée haute
pH	8.15	7.8	8.15	8.25	8.15	8.15
Q	90.5	97	90.5	89.9	90.5	90.5
W	0.2	0.2	0.2	0.2	0.2	0.2
TS	574	586	585	791	1097	770
Q	62.66	61.11	61.32	45.21	24.07	47.03
W	0.2	0.2	0.2	0.2	0.2	0.2
FAIRE	4.5	3.8	3.9	4.65	5.8	5.8
Q	40	29.9	32	45	57.5	57.5
W	0.2	0.2	0.2	0.2	0.2	0.2
BOD	1.00	1.45	1.15	2.15	1.25	3.38
Q	99.89	99.76	99.84	99.63	99.8	99.44
W	0.2	0.2	0.2	0.2	0.2	0.2
COD	20	38	21.65	48.95	55	38
Q	98.22	97.27	97.86	96.39	89.1	97.27
W	0.2	0.2	0.2	0.2	0.2	0.2
WQIa	78.254	77.008	76.304	75.226	72.194	78.348
WQIm	74.043	70.323	70.447	70.62	64.47	74.963

La qualité de l'eau varie de modérée à bonne. Cela est dû à la présence de pesticides toxiques et d'autres produits chimiques provenant des champs agricoles et d'autres produits chimiques dangereux provenant de l'industrie du ciment, de l'urée et des usines de jute et de coton.

3.9 SERAMPORE

Station 9	enquête I		enquête II		Enquête III	
	Faible Tide	marée haute	Marée basse	marée haute	marée basse	marée haute
pH	8.15	8.15	8.25	8.15	8.15	8
Q	90.5	90.5	89.9	90.5	90.5	93
W	0.2	0.2	0.2	0.2	0.2	0.2
TS	650	752	691	786	845	521
Q	56.09	48.15	53.01	46.5	42.89	64.98
W	0.2	0.2	0.2	0.2	0.2	0.2
FAIRE	5.05	9.2	4.25	4.3	5.5	5.4
Q	51.5	96	35	37	55	54
W	0.2	0.2	0.2	0.2	0.2	0.2
BOD	1.8	2.35	0.9	2.15	2.1	2.85
Q	99.7	99.59	99.92	99.63	99.64	99.52
W	0.2	0.2	0.2	0.2	0.2	0.2
COD	22	14	15.85	20.05	39	35.5
Q	97.85	98.85	98.82	97.88	97.2	97.33
W	0.2	0.2	0.2	0.2	0.2	0.2
WQIa	79.13	86.618	75.33	74.302	77.046	81.766
WQIm	76.09	83.742	69.717	68.593	72.961	79.426

3.10 RISHRA

Station 10	enquête I		enquête II		Enquête III	
	Faible Tide	marée haute	Marée basse	marée haute	marée basse	marée haute
pH	8.45	8.5	8.05	8.15	8.05	7.95
Q	85	84.8	92.8	90.5	92.8	94,8
W	0.2	0.2	0.2	0.2	0.2	0.2
TS	425	480	789	1106	865	466
Q	72.3	68.8	46.21	22.68	41.37	70.15
W	0.2	0.2	0.2	0.2	0.2	0.2
FAIRE	5.2	5.5	4.3	4.3	5.7	5.7
Q	53.5	55.1	37.00	37	56.9	56.9
W	0.2	0.2	0.2	0.2	0.2	0.2
BOD	2.1	0.95	1.15	1.15	2.4	2.25
Q	99.64	99.91	99.84	99.84	99.58	99.6
W	0.2	0.2	0.2	0.2	0.2	0.2
COD	59	51.00	16.00	15.9	31.00	39.5
Q	88.2	89.8	98.76	98.8	97.48	97.19
W	0.2	0.2	0.2	0.2	0.2	0.2
WQIa	79.728	79.682	74.922	69.764	77.626	83.728
WQIm	78.012	77.983	69.004	59.554	73.33	81.802

3.11 BHADRAKALI

Station 11	enquête I		enquête II		Enquête III	
	Faible Tide	marée haute	Marée basse	marée haute	marée basse	marée haute
pH	8.45	8.5	8.1	8.00	7.95	7.95
Q	85.00	84.8	92	94	94.8	94.8
W	0.2	0.2	0.2	0.2	0.2	0.2
TS	658	653	955	1492	1564	1112
Q	55.83	55.98	33.42	0.6	—	22.5
W	0.2	0.2	0.2	0.2	0.2	0.2
FAIRE	5.4	5.6	3.75	3.55	5.8	5.9
Q	54	56.5	28.5	26.00	58.00	59.00
W	0.2	0.2	0.2	0.2	0.2	0.2
BOD	0.88	0.75	1.65	2.2	3.15	3.05
Q	99.93	99.95	99.73	99.62	99.47	99.49
W	0.2	0.2	0.2	0.2	0.2	0.2
COD	86.5	86.5	19.65	27.25	38.5	42.5
Q	83.53	83.53	98.38	97.76	97.23	96.58
W	0.2	0.2	0.2	0.2	0.2	0.2
WQIa	75.658	76.152	70.406	63.596	69.90	74.474
WQIm	73.459	74.135	61.217	26.974	35.087	65.54

3.12 BELUR

Station 12	enquête I		enquête II		Enquête III	
	Faible Tide	marée haute	Marée basse	marée haute	marée basse	marée haute
pH	8.15	8.2	7.9	7.8	7.8	8.00
Q	95.2	90.00	95.00	97.3	97.3	93.00
W	0.2	0.2	0.2	0.2	0.2	0.2
TS	675	931	898	2179	1009	751
Q	54.83	34.23	36.9	--	31.00	48.4
W	0.2	0.2	0.2	0.2	0.2	0.2
FAIRE	5.05	4.4	3.95	3.95	5.85	5.75
Q	51.5	40.00	33.00	33.00	58.5	57.00
W	0.2	0.2	0.2	0.2	0.2	0.2
BOD	0.7	1.18	1.65	1.85	2.7	1.8
Q	99.96	99.83	99.73	99.69	99.55	99.7
W	0.2	0.2	0.2	0.2	0.2	0.2
COD	32.5	60.00	19.25	43.00	26.00	24.00
Q	97.43	87.91	98.58	96.53	97.79	97.82
W	0.2	0.2	0.2	0.2	0.2	0.2
WQIa	79.784	70.394	72.642	65.304	76.83	79.184
WQIm	76.489	64.092	64.74	31.477	70.306	75.799

3.13. INDUSTRIE DE L'INGÉNIERIE DE L'ACCOSTAGE

Station 13	enquête I		enquête II		Enquête III	
	Faible Tide	marée haute	Marée basse	marée haute	marée basse	marée haute
pH	8.15	8.13	7.85	8.00	7.7	8.00
Q	90.5	92.33	97.00	93.00	97.65	93.00
W	0.2	0.2	0.2	0.2	0.2	0.2
TS	1035	2061	2031	2529	1013	919
Q	30.01	---	---	—	30.3	35.93
W	0.2	0.2	0.2	0.2	0.2	0.2
FAIRE	5.3	4.3	4.05	3.25	5.7	5.75
Q	54.00	37.00	34.00	23.5	56.9	57.00
W	0.2	0.2	0.2	0.2	0.2	0.2
BOD	2.23	0.75	1.4	1.05	1.7	3.4
Q	99.61	99.95	99.77	99.87	99.72	99.43
W	0.2	0.2	0.2	0.2	0.2	0.2
COD	37.5	30.00	12.25	30.5	30.00	27.00
Q	97.28	97.52	98.89	97.5	97.52	97.77
W	0.2	0.2	0.2	0.2	0.2	0.2
WQIa	74.28	65.36	65.932	62.774	76.418	76.626
WQIm	67.69	31.951	31.804	29.214	69.634	71.37

3.14 MONUMENT GOWALIOR, SHIBPORE

Station 14	enquête I		enquête II		Enquête III	
	Faible Tide	marée haute	Marée basse	marée haute	marée basse	marée haute
pH	8.15	8.13	7.9	8.1	7.95	7.95
Q	90.5	89.8	95.00	92.00	94.8	94.8
W	0.2	0.2	0.2	0.2	0.2	0.2
TS	2025	2761	2560	2598	972	731
Q	---	----	---	--	32.29	52.03
W	0.2	0.2	0.2	0.2	0.2	0.2
FAIRE	4.25	4.8	3.75	3.65	5.75	5.75
Q	35.00	48.7	28.5	27.5	57.00	57.00
W	0.2	0.2	0.2	0.2	0.2	0.2
BOD	1.45	0.8	1.3	1.55	1.3	1.95
Q	99.76	99.94	99.79	99.74	99.79	99.67
W	0.2	0.2	0.2	0.2	0.2	0.2
COD	27.5	70.5	26.4	26.4	16.00	14.00
Q	97.75	85.12	97.78	97.78	98.76	98.85
W	0.2	0.2	0.2	0.2	0.2	0.2
WQIa	64.602	64.712	64.214	63.404	76.528	80.47
WQIm	31.474	32.667	30.506	30.092	70.320	77.356

3.15 JARDIN BOTANIQUE

Station 15	enquête I		enquête II		Enquête III	
	Faible Tide	marée haute	Marée basse	marée haute	marée basse	marée haute
pH	8.25	8.5	8.15	8.05	7.9	7.8
Q	89.9	84.8	90.5	92.8	95.00	97.00
W	0.2	0.2	0.2	0.2	0.2	0.2
TS	2713	4133	1284	1705	738	468
Q	---	---	12.5	--	51.00	70.05
W	0.2	0.2	0.2	0.2	0.2	0.2
FAIRE	3.75	4.6	3.9	3.7	5.7	5.7
Q	28.5	43.5	32.00	27.00	56.9	56.9
W	0.2	0.2	0.2	0.2	0.2	0.2
BOD	1.5	1.5	1.9	2.00	2.95	2.95
Q	9.75	99.75	99.68	99.66	99.51	99.51
W	0.2	0.2	0.2	0.2	0.2	0.2
COD	55.00	43.00	14.15	28.3	64.00	46.00
Q	89.1	96.53	98.84	97.73	87.5	96.48
W	0.2	0.2	0.2	0.2	0.2	0.2
WQIa	61.45	64.916	66.704	63.438	77.982	83.988
WQIm	29.613	32.366	51.339	30.026	75.172	82.02

3.16 RAJGUNJ

Station 16	enquête I		enquête II		Enquête III	
	Faible Tide	marée haute	Marée basse	marée haute	marée basse	marée haute
pH	8.3	8.00	8.05	8.15	8.05	8.05
Q	88.00	93.00	92.8	90.5	92.8	92.8
W	0.2	0.2	0.2	0.2	0.2	0.2
TS	3207	6746	1392	2780	944	582
Q	---	---	7.5	--	34.1	62.52
W	0.2	0.2	0.2	0.2	0.2	0.2
FAIRE	4.7	5.5	3.45	3.85	5.3	5.35
Q	45.5	55.1	24.5	30.00	54.00	54.5
W	0.2	0.2	0.2	0.2	0.2	0.2
BOD	0.7	0.75	1.75	1.65	1.85	1.5
Q	99.96	99.95	99.71	99.73	99.69	99.75
W	0.2	0.2	0.2	0.2	0.2	0.2
COD	35.00	45.00	30.35	39.5	46.00	50.00
Q	97.35	96.52	97.51	97.19	96.48	90.03
W	0.2	0.2	0.2	0.2	0.2	0.2
WQIa	66.162	69.114	64.404	63.684	75.414	79.92
WQIm	32.97	34.579	44.047	30.481	69.688	77.741

3.17 UNIKHALI

Station 17	enquête I		enquête II		Enquête III	
	Faible Tide	marée haute	Marée basse	marée haute	marée basse	marée haute
pH	8.08	7.9	7.95	8.05	7.9	7.95
Q	94.2	95.00	94.8	92.8	95.0	94.8
W	0.2	0.2	0.2	0.2	0.2	0.2
TS	3617	5862	1069	1595	1048	698
Q	—	---	25.01	--	29.83	52.6
W	0.2	0.2	0.2	0.2	0.2	0.2
FAIRE	4.5	5.6	3.45	3.85	5.3	5.3
Q	41	56.5	24.5	30.00	54	54
W	0.2	0.2	0.2	0.2	0.2	0.2
BOD	0.38	0.6	0.7	1.03	1.65	2.15
Q	100	99.97	99.96	99.88	99.73	99.63
W	0.2	0.2	0.2	0.2	0.2	0.2
COD	42.88	40.66	42.2	33.75	52.0	34.0
Q	96.55	96.67	96.61	97.37	89.5	97.36
W	0.2	0.2	0.2	0.2	0.2	0.2
WQIa	66.35	69.628	68.182	64.01	73.612	79.678
WQIm	32.683	34.913	56.21	30.656	67.156	76.453

3.18 BAURIE

Station 18	enquête I		enquête II		Enquête III	
	Faible Tide	marée haute	Marée basse	marée haute	marée basse	marée haute
pH	8.05	8.03	7.75	8.15	7.65	7.85
Q	92.8	92.7	98.0	90.5	99.9	97.0
W	0.2	0.2	0.2	0.2	0.2	0.2
TS	5071	7513	1286	1482	814	696
Q	---	---	12.33	1.1	44.29	52.8
W	0.2	0.2	0.2	0.2	0.2	0.2
FAIRE	4.6	4.3	3.9	4.4	5.15	5.2
Q	44.5	37	32.4	40.0	52.0	53.0
W	0.2	0.2	0.2	0.2	0.2	0.2
BOD	0.7	0.5	1.00	1.23	2.45	1.2
Q	99.96	99.98	99.89	99.81	99.57	99.82
W	0.2	0.2	0.2	0.2	0.2	0.2
COD	75.5	85.5	18.95	25.3	36.0	52.0
Q	84.53	83.7	98.64	97.82	97.31	89.5
W	0.2	0.2	0.2	0.2	0.2	0.2
WQIa	64.358	62.676	68.252	65.846	78.614	78.424
WQIm	32.251	31.016	52.15	32.956	74.068	75.326

3.19 CHENGAIL

Station 19	enquête I		enquête II		Enquête III	
	Faible Tide	marée haute	Marée basse	marée haute	marée basse	marée haute
pH	8.45	8.25	7.9	8.00	7.9	7.7
Q	85.0	89.9	95	93.0	95.0	97.65
W	0.2	0.2	0.2	0.2	0.2	0.2
TS	4925	8430	1218	2607	1094	890
Q	---	---	16.82	--	24.1	37.31
W	0.2	0.2	0.2	0.2	0.2	0.2
FAIRE	5.45	6.2	4.25	4.7	5.15	5.00
Q	54.8	62.0	35.0	45.5	52.0	51.0
W	0.2	0.2	0.2	0.2	0.2	0.2
BOD	1.15	1.00	0.88	0.8	1.8	1.15
Q	99.84	99.89	99.93	99.94	99.7	99.84
W	0.2	0.2	0.2	0.2	0.2	0.2
COD	96.0	192.5	18.3	40.65	38.0	36.0
Q	83.21	59.88	98.67	96.68	97.27	97.31
W	0.2	0.2	0.2	0.2	0.2	0.2
WQIa	64.57	62.334	69.084	67.024	73.622	76.622
WQIm	32.926	31.959	56.014	33.29	64.936	71.008

3.20 ULUBERIE

Station 20	enquête I		enquête II		Enquête III	
	Faible Tide	marée haute	Marée basse	marée haute	marée basse	marée haute
pH	8.2	8.15	7.6	7.9	7.85	7.9
Q	90.0	90.5	99.7	95.0	97.0	95
W	0.2	0.2	0.2	0.2	0.2	0.2
TS	6325	7976	1623	3200	2104	858
Q	---	---	---	--	—	41.91
W	0.2	0.2	0.2	0.2	0.2	0.2
FAIRE	5.75	6.2	4.65	5.1	4.85	4.85
Q	57.0	62.5	45.0	52.0	49.0	49.0
W	0.2	0.2	0.2	0.2	0.2	0.2
BOD	0.5	0.95	2.25	2.05	1.4	0.8
Q	99.98	99.91	99.6	99.65	99.77	99.94
W	0.2	0.2	0.2	0.2	0.2	0.2
COD	132	147	22.5	43.0	66.0	34.0
Q	78.5	74.1	97.84	96.53	86.9	97.36
W	0.2	0.2	0.2	0.2	0.2	0.2
WQIa	65.096	65.402	68.41	68.636	66.534	76.642
WQIm	33.188	33.45	33.72	34.306	33.342	71.725

3.21 HIRAGANJ

Station 21	enquête I		enquête II		Enquête III	
	Faible Tide	marée haute	Marée basse	marée haute	marée basse	marée haute
pH	8.27	8.4	7.95	7.9	7.9	7.8
Q	89.8	8.9	94.8	95.0	95	97.0
W	0.2	0.2	0.2	0.2	0.2	0.2
TS	7312	9516	1832	4042	880	1093
Q	---	----	---	--	39.5	24.12
W	0.2	0.2	0.2	0.2	0.2	0.2
FAIRE	6.00	6.6	4.9	5.3	5.15	5.2
Q	60.0	66.0	49.5	54.0	52.0	53.0
W	0.2	0.2	0.2	0.2	0.2	0.2
BOD	1.45	0.9	1.1	1.3	3.6	2.4
Q	99.76	99.92	99.86	99.79	99.41	99.58
W	0.2	0.2	0.2	0.2	0.2	0.2
COD	79.5	98.5	30.6	33.15	29.5	25.5
Q	84.2	83.11	97.49	97.38	97.72	97.8
W	0.2	0.2	0.2	0.2	0.2	0.2
WQIa	66.752	67.606	68.33	69.234	76.726	74.301
WQIm	33.973	34.486	34.037	34.637	71.704	65.521

3.22 HIRAPUR

Station 22	enquête I		enquête II		Enquête III	
	Faible Tide	marée haute	Marée basse	marée haute	marée basse	marée haute
pH	7.95	8.1	7.9	8.00	8.15	8.05
Q	94.8	92.0	95.0	93.0	90.5	92.8
W	0.2	0.2	0.2	0.2	0.2	0.2
TS	8088	10203	1365	3823	1007	700
Q	---	---	8.1	--	31.09	52.43
W	0.2	0.2	0.2	0.2	0.2	0.2
FAIRE	6.7	6.9	4.85	5.6	5.2	5.15
Q	68.0	72.0	49.0	56.5	53.0	52.0
W	0.2	0.2	0.2	0.2	0.2	0.2
BOD	2.2	2.78	1.5	1.33	0.8	0.7
Q	9.62	99.54	99.75	99.78	99.94	99.96
W	0.2	0.2	0.2	0.2	0.2	0.2
COD	107	137	13.2	39.6	8.27	12.0
Q	81.62	78.15	98.87	97.15	99.89	98.9
W	0.2	0.2	0.2	0.2	0.2	0.2
WQIa	68.808	68.338	70.144	69.286	74.906	79.218
WQIm	34.986	34.867	51.77	34.186	68.337	75.793

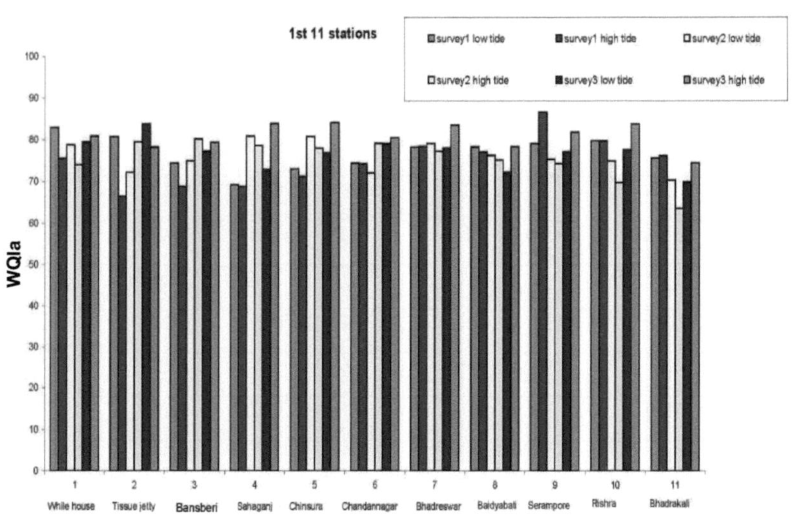

1st 11 stations
survey1 low tide
survey1 high tide
survey2 low tide
survey2 high tide
survey3 low tide
survey3 high tide
WQIa
100
90
80
70
60
50
40
30
20
10
0
1
2
3
4
5
6
7
8
9
10
11
While house
Tissue jetty
Bansberi
Sahaganj
Chinsura
Chandannagar
Bhadreswar
Baidyabati
Serampore
Rishra
Bhadrakali

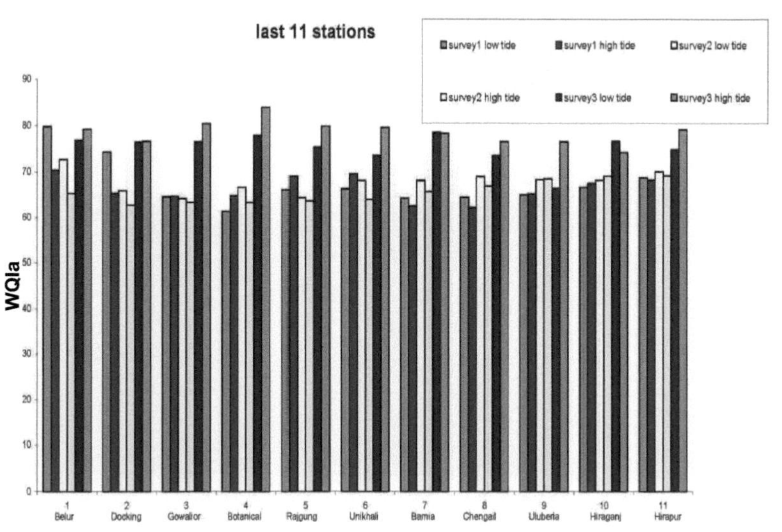
last 11 stations
survey1 low tide
survey1 high tide
survey2 low tide
survey2 high tide
survey3 low tide
survey3 high tide
WQIa
90
80
70
60
50
40
30
20
10
0
1
Belur
2
Docking
3
Gowallor
4
Botanical
5
Rajgung
6
Unikhali
7
Bamia
8
Chengail
9
Uluberia
10
Hiraganj
11
Hirapur

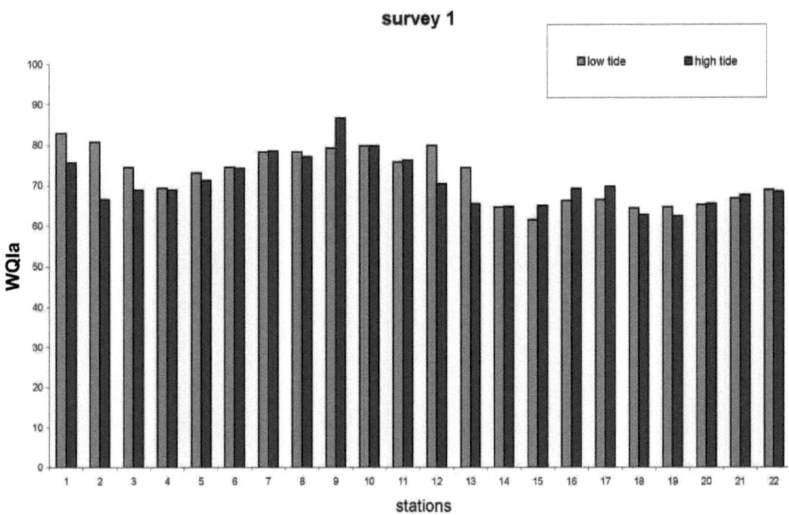
survey 1
low tide
high tide
WQIa
stations
100
90
80
70
60
50
40
30
20
10
0
1 2 3 4 5 6 7 8 9 10 11 12 13 14 15 16 17 18 19 20 21 22

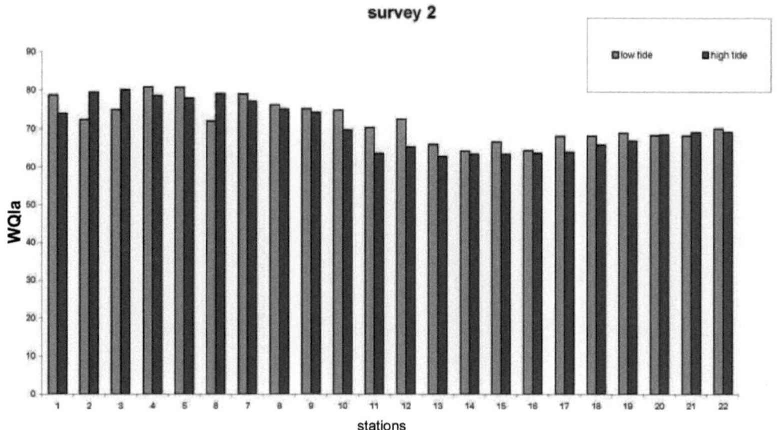

survey 2
low tide
high tide
WQIa
stations
90
80
70
60
50
40
30
20
10
0
1 2 3 4 5 6 7 8 9 10 11 12 13 14 15 16 17 18 19 20 21 22

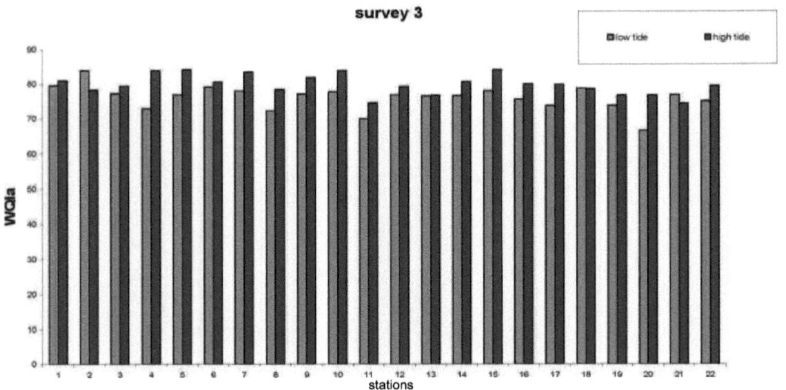

survey 3
low tide
high tide
WQIa
90
80
70
60
50
40
30
20
10
0
1
2
3
4
5
6
7
8
9
10
11
12
13
14
15
16
17
18
19
20
21
22
stations

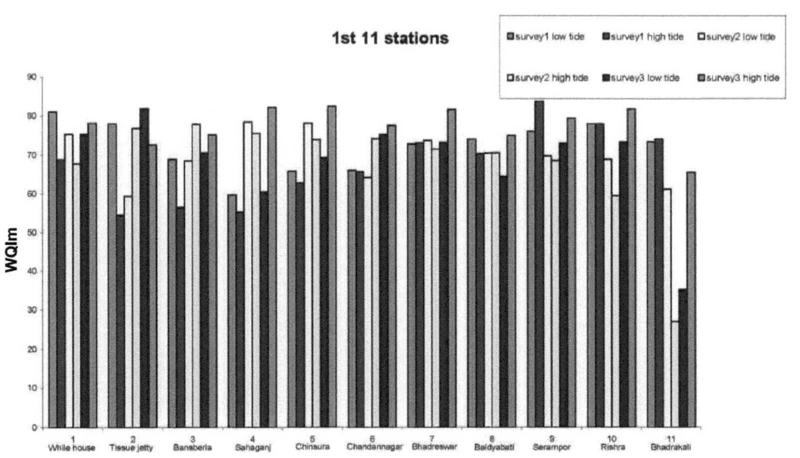

1st 11 stations
survey1 low tide
survey1 high tide
survey2 low tide
survey2 high tide
survey3 low tide
survey3 high tide
WQIm
90
80
70
60
50
40
30
20
10
0
1
While house
2
Tissue jetty
3
Bansberia
4
Sahaganj
5
Chinsura
6
Chandannagar
7
Bhadreswar
8
Baidyabati
9
Serampor
10
Rishra
11
Bhadrakali

les 11 dernières stations

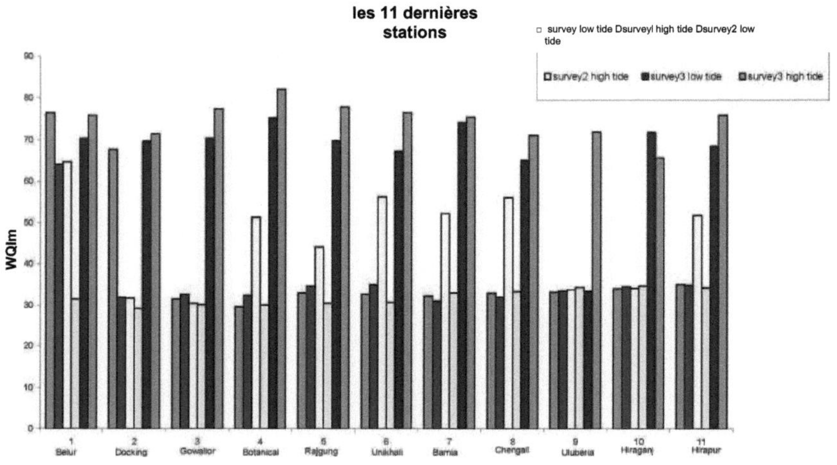

enquête 1

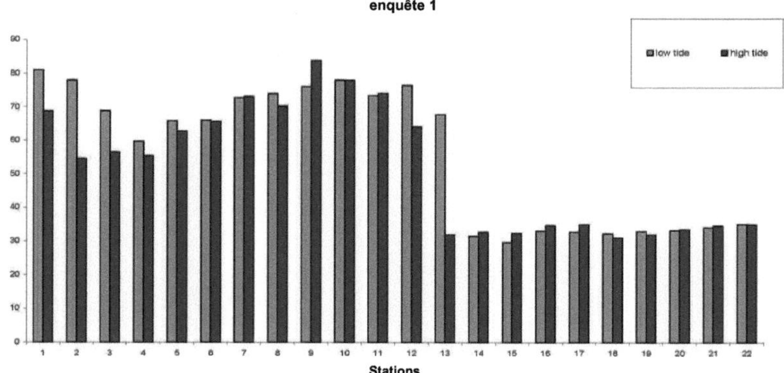

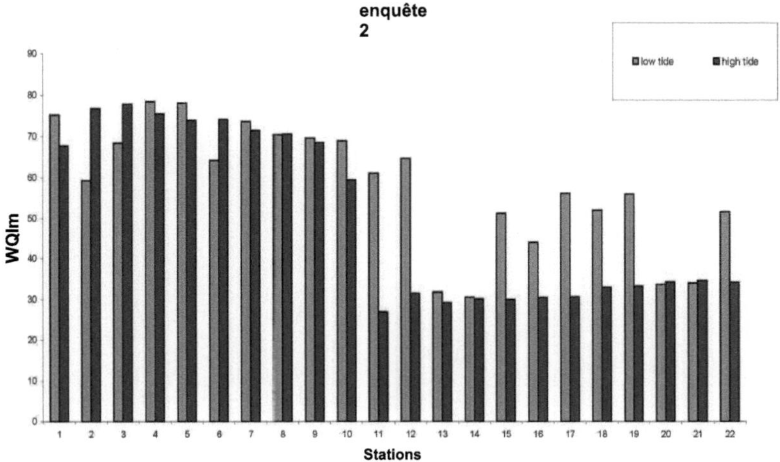

enquête
2
low tide
high tide
WQIm
90
80
70
60
50
40
30
20
10
0
1 2 3 4 5 6 7 8 9 10 11 12 13 14 15 16 17 18 19 20 21 22
Stations

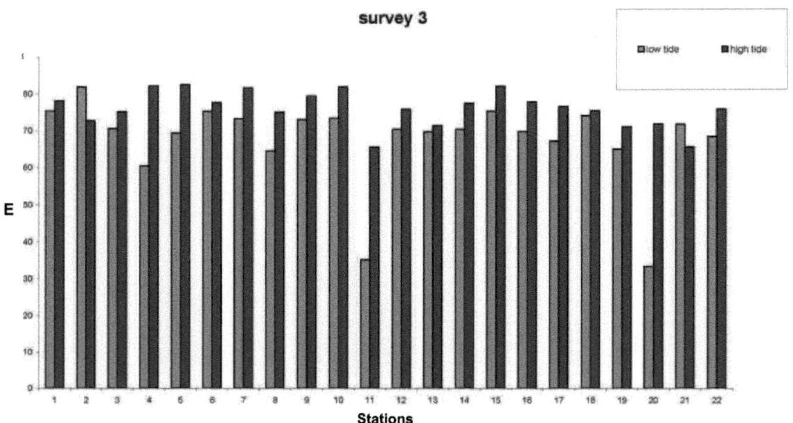

survey 3
low tide
high tide
E
Stations

<u>**Chapitre 4**</u>

<u>**Conclusion**</u>

Le Gange a été le fleuve le plus important et le plus sacré de l'Inde à travers les âges. Mais alors que sa pureté spirituelle est restée intacte pendant des millénaires, sa pureté physique s'est détériorée car la population indienne en plein essor lui impose un fardeau toujours plus lourd. Le fleuve et ses affluents, le Hoogly et le Damodar, sont aujourd'hui atteints par la pollution des déchets humains et industriels, ce qui fait des maladies hydriques un facteur terrible de la vie indienne. Avec la réduction du débit volumétrique de l'eau et l'augmentation des rejets de polluants dans les rivières, la qualité de l'eau des rivières se détériore progressivement.

Des plaines à la mer, le rythme auquel les entreprises pharmaceutiques, les usines d'électronique, les industries du textile et du papier, les tanneries, les fabricants d'engrais et les raffineries de pétrole rejettent leurs effluents dans le fleuve, le volume de polluants qui y sont déversés ne peut qu'augmenter.

Identification correcte des organismes polluants, adoption de mesures de réduction de la pollution Les mesures et les traitements périodiques effectués par ces industries pour traiter les eaux usées par différentes techniques peuvent être considérés comme la nécessité de l'heure pour éviter que le fleuve ne devienne un vecteur de pollution mais au contraire, pour le transformer en un cours d'eau potentiellement navigable. L'indice de qualité des eaux peut jouer un rôle important dans l'atténuation des problèmes mentionnés ci-dessus, souvent rencontrés dans différentes masses d'eau de surface.

Chapitre 5

Références

APHA. (1998) Association américaine de santé publique. Standard Methods for the Examination of Water & Wastewater.17e édition, 10-203.

Bordalo R., Wiebe W. J., A. (2006) Water Quality Index Applied to an Bassin fluvial international partagé : The Case of the Douro River, J. Environment Management, 38, 910 - 920.

Boyacioglu H, Boyacioglu H., Gunduz O. (2005) Application of Factor analysis in the assessment of surface water quality in Buyuk Menderes River Basin, J. of European

Water Resources Association 9/10, 43-49.

Boyacioglu H. (2007) Développement d'un indice de qualité de l'eau basé sur un système de classification européen, Water SA. 33(1),101 - 106.

Carpenter, S., Frost T., Persson L., Power M., Soto D. (1996) Freshwater Ecosystems : Linkages of Complexity and Processes. Functional Roles of Biodiversity ; a Global Perspective ; John Wiley and Sons Ltd.

De N.K., Bose A.K. (1991) Environmental Crisis in Calcutta Metropolitan City. Conception et développement de l'environnement, conflit ou harmonie ? A Geographical Appraisal. Éditeurs scientifiques, Jodhpur

Joshi G, Adoni A.D.(1993) Studies on Some Water Quality Parameters of Two Central Indian Lakes and Evaluation of their Trophic Status. Ecologie et pollution des lacs et réservoirs indiens. Maison d'édition Ashish.

Khan F, Husain T, Lumb A. (2003) Water quality evaluation and trend analysis in selected watershed of the atlantic region of canada, Environmental Monitoring and Assessment 88, 221-242.

Lake Development Authority (LDA). (2004) Rapport sur la qualité de l'eau de certains lacs sélectionnés dans la ville de Bangalore, 2004.

Landwehr J.M., Deininger R.A. (1976) A comparison of several Water Quality Index, J.Water Pollution Control Federation 48(5), 954- 958.

Neary B, Hebert S, Khan H, Saffran K, Swain L, Williamson D. (2001) Canadien Recommandations pour la qualité de l'eau en vue de la protection de la vie aquatique. Recommandations canadiennes pour la qualité de l'environnement, Conseil canadien des ministres de l

Environnement 1 - 13.

Pesce F., Wunderlin D. A. (2000) Use of Water Quality Indices to verify the Impact of Cordoba City (Argentina) on Suquia River, Water Research 34(11),915 - 926.

Rai J.P.N, Rathore V.S. (1993) Pollution des eaux du lac Nainital et sa gestion. Écologie et pollution des lacs et réservoirs indiens. Maison d'édition Ashish.

Roselene H., (2002) Selvam P. Physico Chemical Analysis and Role of Phytoplanktons in the Bellandur Lake, Lake 2002 Sysmposium.

Saha Papita (2010), Assessment of Water Quality of River Damodar by Water Quality Index Method, *IICHE Journal,* Taylor & Francis Publication, Vol. 52, No. 2, 145 - 154.

Sanchez E., Colmenarejo M. F., Rubio J. A., Garcia M. G., Travieso L., Borja R. (2007) Use of the water quality index and dissolved oxygen deficit as simple indicators of watershed pollution, Ecological Indicator 7,315 - 328.

Sargaonkar A, Deshpande V. (2003) Development of an overall index of pollution for Surface water based on a general classification scheme in Indian context. Surveillance et évaluation de l'environnement 89,43-67.

Singh R. K., Anandh H. (1996) Water Quality Index of some Indian Rivers, Indian J. Environ 38 (1),21-34.

Annexe - I

Abréviations :

DBO : Demande biochimique en oxygène (mg/L)

DCO : Demande chimique en oxygène (mg/L)

DO : Oxygène dissous (mg/L)

IQE : indice de qualité de l'eau

IQE : Indice de qualité de l'eau par méthode agrégative

WQIm : Indice de qualité de l'eau par méthode multiplicative

<u>**À propos de l'auteur**</u>

<u>**Dr Papita Das**</u>

Ces dernières années, les travaux de recherche de l'auteur se sont concentrés sur l'ingénierie environnementale. Elle a effectué des travaux approfondis sur le traitement de l'eau et des eaux usées ainsi que sur l'ingénierie de la séparation par adsorption et a publié de nombreux articles connexes dans des revues internationales à comité de lecture. Dans son travail, je me concentre principalement sur la conception et l'optimisation des processus d'adsorption par lots et en continu, et sur l'éclairage du processus d'adsorption par des études d'équilibre, cinétiques et thermodynamiques.

Toutefois, ce qu'elle a observé au cours de ces années est que la modélisation physique pour toute application d'ingénierie est généralement basée sur la proposition de relations empiriques avec une grande quantité de données expérimentales et les paramètres non dimensionnels pertinents. Le succès de la modélisation physique dépend fortement de la compréhension approfondie et de la connaissance complète du phénomène réel qui se produit dans le système donné.

Voici la description du travail qu'elle a entrepris à cet égard au cours des cinq dernières années :

1. Extraction de la couleur des déchets du marché floral et utilisation de ces couleurs pour la teinture des fibres textiles.

2. Produire de la poudre de couleurs à base de plantes (Natural Abir) à partir d'extraits de fleurs pour une utilisation pendant le festival des couleurs "*Holi*", évitant ainsi l'utilisation de couleurs synthétiques potentiellement toxiques et cancérigènes.

3. L'utilisation de matériaux naturels ou de déchets/sous-produits des industries, qui coûtent moins cher comme adsorbants pour l'élimination des colorants synthétiques et des métaux lourds des eaux usées.

4. Préparation du revêtement de la décharge en utilisant de la terre avec différentes quantités d'adjuvants comme le ciment, la chaux, le gypse, les cendres volantes pour protéger la décharge de déchets dangereux. Deux modèles mathématiques différents utilisant la méthode pi de Buckingham et le bilan matière ont été développés pour le système en fonction de la perméabilité du sol qui décrit les résultats expérimentaux de manière satisfaisante.

5. Travail sur l'indice de qualité de l'eau : La qualité de l'eau de différentes masses d'eau (eaux de rivière, eaux usées industrielles, etc.) a été estimée à l'aide de méthodes physiques, chimiques et biologiques et la qualité de l'eau a été vérifiée à l'aide de la méthode de l'indice de qualité de l'eau. L'indice de qualité des eaux est ensuite formulé par le processus du CCME et le processus DELPHI.

Publication d'un article de journal   : 31 (International),
Présentation de la conférence et publication : 50+
Publication de livres   : 6
Chapitre du livre   : 1
Conférence/séminaire organisé : 3

Buy your books fast and straightforward online - at one of world's fastest growing online book stores! Environmentally sound due to Print-on-Demand technologies.

Buy your books online at
www.morebooks.shop

Achetez vos livres en ligne, vite et bien, sur l'une des librairies en ligne les plus performantes au monde!
En protégeant nos ressources et notre environnement grâce à l'impression à la demande.

La librairie en ligne pour acheter plus vite
www.morebooks.shop

KS OmniScriptum Publishing
Brivibas gatve 197
LV-1039 Riga, Latvia
Telefax: +371 686 204 55

info@omniscriptum.com
www.omniscriptum.com